ROMEON
VERLAG

Wie ich mein Leben glücklich verändern kann

1. Auflage, erschienen 4-2019

Umschlaggestaltung: Romeon Verlag
Text: Birgit Stengel
Layout: Romeon Verlag

ISBN: 978-3-96229-098-6

www.romeon-verlag.de
Copyright © Romeon Verlag, Kaarst

Bibliografische Information der Deutschen Nationalbibliothek:
Die Deutsche Nationalbibliothek verzeichnet diese Publikation in der Deutschen Nationalbibliografie; detaillierte bibliografische Daten sind im Internet über *http://dnb.dnb.de* abrufbar.

Birgit Stengel

Wie ich mein Leben glücklich verändern kann

-Arbeitshandbuch -

Es ist nie zu spät,
sein Leben neu zu beginnen!

Inhalt

Widmung

Dieses Buch widme ich meinem geliebten Mann, mit dem ich wachsen und lieben lernen durfte. Von dem ich mich einerseits zutiefst geliebt, andererseits oft missverstanden fühlte, der mit mir mehr als viele Höhen und noch mehr Tiefen durchlebte. Er war und ist bis heute ein stets treusorgender Begleiter an meiner Seite, auch wenn vieles über die Jahre oft selbstverständlich wurde und auch ich dieses nicht immer alles erkannte. An seiner Seite durfte ich viele Aufgaben meines Lebens erkennen und verändern. Diese ließen mich wachsen und stärker werden. Mit ihm bekomme ich das Rückgrat, das ich für meine Zukunft und die sich daraus entwickelnden neuen Aufgaben benötige.

Des Weiteren gilt mein Dank an unsere 3 innig geliebten Jungs, die voller Freude und Offenheit ihren Lebensweg gehen, Neues ausprobieren und daraus viele Erfahrungen für ihr Leben sammeln. Mehr als viele, tiefe, bewegende und für mein Schreiben inspirierende Gespräche durfte ich mit ihnen führen. Meine Familie erfüllt mein Herz mit übergroßer Dankbarkeit, Freude und unsagbarer Liebe.

Meinen wenigen, aber tief verbundenen Freundinnen danke ich für die Zeit, die sie mir geschenkt haben und die Gespräche, die für mich immer sehr wertvoll und hilfreich waren und noch bis heute sind.

Danken möchte ich auch allen Menschen in meinem Umfeld und immer wieder neuen Begegnungen, sie geben mir Inspirationen und Anreize weitere Worte zu finden und diese niederzuschreiben.

Zuletzt sage ich noch Dank an alle Leser, die den Weg zu diesem Buch gefunden haben, mögen die Worte darin ihnen Begleiter sein auf ihrem weiteren Lebensweg und zur Veränderung und Unterstützung ihres Lebens.

Weshalb ich dieses Buch schrieb

Je mehr Lesungen ich halten durfte, desto mehr spürte ich hier eine enorme Euphorie an die Oberfläche drängen. Wo ich über einen enorm langen Zeitraum nach Worten suchte, sprudelten bei solchen Veranstaltungen meine Gedanken nur so an die Oberfläche. Hier war ich voll in meinem Element, meiner Freude und Energie. Ich fühlte deutlich, dass dies mein Herzensweg war. Dankbar durfte ich diese Wahrnehmung in meinem Inneren spüren. Es freute mich, die für mich wichtigen und richtigen Worte in der jeweiligen Situation aus der Tiefe meines Herzens zu empfangen und diese zur Unterstützung den entsprechenden Zuhörern weiterzugeben. Je länger die Gespräche nach den Lesungen anhielten, desto mehr hatte ich das Gefühl, dass sich die Zuhörer öffneten.

Ich finde es nach wie vor sehr wichtig, sich zu öffnen und alle aufkommenden Gefühle zuzulassen. Aus allen Lebensbereichen und Lebensaltern drängen Erlebnisse an die Oberfläche. Meiner Meinung nach beginnt dort der Punkt, an dem sie anfangen, ihr Inneres, ihre Gefühle und Verletzungen zuzulassen. Hier ist der Punkt, an welchem Heilung beginnen kann, an dem Bewusstwerdung stattfindet. Jedoch ist es zeitlich nicht möglich, dies an solch einem Abend einer Lesung weiterzuführen. Ich für mich nehme mir trotzdem so viel Zeit, wie es die Zuhörer und die Gruppe des Abends wollen. Es sind durchaus schon 2 Stunden und mehr daraus geworden. Wie geschrieben, kommt es voll und ganz auf die Gruppe an.

Aus solchen Abenden, mit in die Tiefe gehenden Gesprächen verbunden, entstehen viele Gedanken, die ich wiederum auf Papier festhalte. Ich spüre, dass viele Zuhörer gerne mehr Anleitungen haben möchten. Ich spüre in die jeweiligen Situationen (Begebenheiten) hinein, welche Ursache wohl der Auslöser sein mag. Innere Bilder für Hilfestellungen entstehen. Mehr und mehr drängt das Gefühl für ein Arbeitshandbuch mit entsprechenden Vorschlägen an die Oberfläche. Bestimmte Themenbereiche habe ich schon näher ausgearbeitet, für was auch immer ich es in der Zukunft gebrauchen werde.

Hier schaltet sich blitzschnell mein Verstand dazwischen und meint mal wieder von oben herab, ob ich denn nun nicht zu übermütig würde, an weitere Bücher oder was sonst auch immer daraus entstehen möge, zu denken. Ja, es stimmt, ein Buch braucht seine Zeit. Jedoch kann ich aus meiner Vergangenheit sagen, seit ich angefangen habe zu schreiben bis heute, bekam ich immer wieder, wenn die Zeit dazu da war, die richtigen und wichtigen Worte, um diese niederzuschreiben. Warum sollte es jetzt nun anders sein. Hier darf ich Vertrauen lernen, zu gegebener Zeit die Worte durch meine Gedanken aufzuschreiben. Ich darf lernen, mich mehr auf meine Intuition zu verlassen.

Vor allem, wenn mich Menschen darauf ansprechen, wie ich es denn mache, so zu strahlen, direkt zu leuchten, erinnere ich mich an mein erstes Seminar, das ich besuchte und genau diese Feststellung über den Seminarleiter und die anwesenden Therapeuten machte. Dieses Leuchten faszinierte mich so unglaublich. Und nun sprechen mich doch tatsächlich Menschen an, weil sie genau solch ein Strahlen und solche Zufriedenheit bei mir entdecken. Dass ich das jemals in diesem meinen Leben erfahren darf, hätte ich mir nicht ansatzweise vorstellen können. Einmal mehr fehlen mir hier die Worte, dies alles schriftlich auszudrücken. Dankbarkeit ist hierfür viel zu wenig. Es ist nur mit dem Gefühl der Liebe tief in meinem Herzen wahrzunehmen.

Der Wunsch, etwas Greifbares, Handfestes, etwas zum Anfassen, Nachlesen und selbst analysieren für Menschen zu schaffen, die etwas in ihrem Leben verändern wollen, wird täglich stärker. Immer mehr Menschen kommen auf mich zu, möchten ein persönliches Gespräch, fühlen sich hilflos und verzweifelt. Ich bitte Gott und seine himmlischen Helfer um Unterstützung, dass ich das Richtige vom Falschen, das Gute vom Schlechten unterscheiden möge und durch mich die Worte auf mein Skript finden, die zur Hilfestellung für andere Menschen wichtig sein können. So sind diese Texte in diesem Buch entstanden.

Einleitung

Das Lied:

Herr, deine Liebe ist wie Gras und Ufer

1. Herr, deine Liebe ist wie Gras und Ufer,
wie Wind und Weite und wie ein Zuhaus.
Frei sind wir, da zu wohnen und zu gehen.
Frei sind wir, ja zu sagen oder nein.

Refrain: Herr, deine Liebe ist wie Gras und Ufer,
wie Wind und Weite und wie ein Zuhaus.

2. Wir wollen Freiheit, um uns selbst zu finden,
Freiheit, aus der man etwas machen kann.
Freiheit, die auch noch offen ist für Träume,
wo Baum und Blume Wurzeln schlagen können.

Refrain: Herr, deine Liebe ist wie Gras und Ufer,
wie Wind und Weite und wie ein Zuhaus.

3. Und dennoch sind da Mauern zwischen Menschen,
und nur durch Gitter sehen wir uns an.
Unser versklavtes Ich ist ein Gefängnis
und ist gebaut aus Steinen unsrer Angst.

Text: *Anders Frostenson, 1968*
Refrain: *Herr, deine Liebe ist wie Gras und Ufer,*
Musik*: Lars Åke Lundberg, 1968*
wie Wind und Weite und wie ein Zuhaus.
dt. Text: *Ernst Hansen, 1970*

Zeigt mir einmal mehr, dass ich es ganz alleine bin, die über mein Leben entscheiden kann.

Frei sind wir, da zu wohnen und zu gehen.
Frei sind wir, ja zu sagen oder nein.

In diesem Lied steht es schwarz auf weiß:

Frei sind wir, ja oder nein zu sagen,
uns für hier oder dort zu entscheiden.

Ich ganz alleine kann mich für das Leben, die Liebe, die Freude und den Frieden in mir entscheiden. Das ist ein Geschenk an uns Menschen, ein wahres Privileg an uns. Zugleich ist es auch noch eine unsichtbare Energieform, die wir ausstrahlen, wenn wir uns für die Liebe entscheiden. Fangen Sie an, diese Energie der Liebe in sich, ihrem physischen und auch feinstofflichen Körper wirken zu lassen. Auch ihr Umfeld wird dies spüren und sich mehr und mehr verändern. Stellen Sie sich vor, dass jeder einzelne Mensch dieser Erde solch eine wunderschöne Energie ausstrahlt und dadurch die ganze Welt zum Leuchten bringt. Dann sind wir dort, wozu wir hier auf dieser Erde geboren sind, zur reinen bedingungslosen Liebe uns selbst und anderen gegenüber.

Wie sehr würden unsere Kinder sich freuen. Welches Potenzial würde hier an die Oberfläche kommen. Explosionsartig gäbe es keine Kriege und keinen Streit mehr. Reglementierungen bräuchte man nicht mehr, noch weniger irgendwelche Ländergrenzen. Wollen wir diese Vision in unserem Herzen verankern und täglich diesem Ziel einen Schritt näherkommen. Die leuchtenden, strahlenden Kinderaugen sehe ich in meinen Gedanken schon vor mir. Ihnen die Freiheit zu lassen, sich nach ihren Gaben und Fähigkeiten zu entwickeln, ist das allergrößte Geschenk, das wir unseren Kindern in ihrem frühen Leben mit auf ihren Weg geben können. Jedes Lebewesen, jede Pflanze, jeder Kristall ist wertvoll und trägt genauso zu unserer Entwicklung bei, wie auch alle wunderbaren Menschen um uns herum.

Die Aufarbeitung meiner Aufgaben und Veränderungen meines Lebens dauern bei mir seit meinem Zusammenbruch bis heute an. Es sind mittlerweile fast 7 Jahre vergangen, seit ich mich der Veränderung meines Lebens widme. Vieles, sehr vieles hat sich auch wahrhaftig seit dieser Zeit in mir und meinem Umfeld geändert. Einmal abgesehen vom Erscheinen meiner beiden Bücher. An allererster Stelle steht für mich die übergroße Dankbarkeit, dass ich vieles lernen und erkennen durfte, viele meiner Aufgaben in Liebe verwandelt habe. Mein Körper ist wesentlich ruhiger und ausgeglichener geworden, meine Gedanken klarer und auf das Wesentliche zentriert. Mein Dasein hier in diesem Leben auf dieser Erde hat sich wie ein Schmetterling entpuppt. Was früher hektisch, schwer, stressig, grau, verzweifelt, wütend, streitsüchtig, laut war, hat sich in Freude, Liebe, Ausgeglichenheit, farbenfroh, strahlend, Leichtigkeit und nochmals übergroße Dankbarkeit meinem Sein gegenüber entwickelt.

Ich bitte alle meinen himmlischen Helfer, dass ich dieses Gefühl des Leuchtens und Strahlens in meinem Herzen in Worte fassen und zu Papier bringen kann. Das ist mir zu meinem Lebensziel geworden, dieses Gefühl der Liebe in Wort, Tat und Schrift an Menschen weiterzugeben. Für mich gibt es ein einziges Ziel in unserem Leben und dies ist, täglich in der Liebe zu wachsen. Der Weg dorthin ist für jeden Einzelnen jedoch individuell und anders. Meines Erachtens gibt es diesen einen universellen, richtigen Weg nicht. Für mich ist Heilung ein

Reinigungsprozess, welcher mein ganzes Sein beinhaltet. Das heißt meinen Körper, meinen Geist und meine Seele. Es ist wichtig zu erkennen, dass wir nur heil sein können, wenn wir jeden einzelnen Teilbereich unseres Ganzen mit einbeziehen.

Wir dürfen lernen, dass jeder einzelne Mensch mit verschiedenen Gaben und Aufgaben auf diese Erde kam. Diese weiteren Zeilen und Texte sind nur ein Vorschlag, sich mit den eigenen Themen seines Lebens zu befassen. Spüren sie in sich hinein, ob es sich für ihr Herz stimmig anfühlt. Wenn nicht, entscheiden sie sich für einen anderen Weg. Den Kopf in den Sand zu stecken, löst jedoch keine einzige meiner Aufgaben. Es bringt mich nicht weiter.

Jedoch ist es einfacher, so wie ein Großteil der Menschen aufgewachsen ist, die Schuld bei anderen Menschen bzw. im Außen zu suchen. Wir haben es nicht gelernt, Verantwortung für unser Leben zu übernehmen, Konsequenzen für unser Verhalten zu bekommen. Dies beinhaltet sowohl unser Tun als auch unseren Körper und unseren Geist. Ernähre ich mich schon von Kindesbeinen an zu viel von Schokolade und Süßigkeiten, ist abzusehen, dass ich als Erwachsener Schwierigkeiten mit meinem Gewicht, vielleicht Organen (z. B. Bauchspeicheldrüse) bekommen kann und wahrscheinlich auch mit meinen Zähnen. Als ich selbst Kind war, wurde noch nicht so viel Wert auf Zahnpflege wie heute gelegt. Entsprechend hatte ich auch keine gesunden Zähne. Bei unseren Kindern war es mir deshalb umso wichtiger, hierauf mehr Wert zu legen.

Ein weiteres Beispiel wäre, wenn wir unseren Kindern keine Grenzen setzen würden. Sie bekommen alles, was sie wollen. Wir behandeln sie wie einen Prinzen oder eine Prinzessin. Wenn sie dann erwachsen werden, haben diese Menschen nicht gelernt, sich in einem Miteinander, einer Gemeinschaft zu fügen, sie hatten als Kind ja immer recht. Solche Menschen verhalten sich im erwachsenen Alter oft egoistisch und rücksichtslos. Es ist die Konsequenz der Eltern und deren Erziehung. Hier gäbe es noch viele Beispiele aufzuführen. Wir wollen uns jedoch nicht mit anderen Personen und Situationen beschäftigen, sondern damit befassen, wie wir in unsere Stärke, unsere Verantwortung und unser wahres Sein gelangen können.

Entscheiden sie sich ganz bewusst dafür, ab heute ihr Leben selbst in die Hand zu nehmen und in Richtung Liebe, Freude und Selbstgestaltung hin Schritt für Schritt zu verändern. Es könnte sein, dass ganz genau an diesem Punkt schon ihr Verstand an die Oberfläche drängt und mit den unmöglichsten Gegenargumenten auffährt. Hier spüren wir die geballte Negativität und Erfahrung unserer Vergangenheit an die Oberfläche kommen. Wie eine Kompanie von Soldaten steht sie wie eine Wand vor uns. Unser Selbstwertgefühl und unsere komplette Motivation können hier von einer Sekunde auf die andere im Keller landen. Und nun? Wir lassen uns nicht mehr wie in unserem vergangenen Leben ins Bockshorn jagen, wir wollen unser Leben in Zukunft verändern. In jeglicher Situation stehen wir wieder auf, überlegen, wie kann ich hier handeln, wie kann ich mich hier neu entscheiden.

Sprechen Sie diesen nachfolgenden Satz bei allen Rückfällen am besten laut aus. Schreiben Sie ihn sich vielleicht auf einen Zettel oder als Handy-Notiz, um ihn auch unterwegs immer griffbereit zu haben.

Danke liebe Kompanie der Negativität, dass ihr so besorgt um mich seid, doch ab heute übernehme ich die

volle Verantwortung für mein Leben. Ihr wart ein Teil meines Lebens und von nun an entlasse ich euch aus diesem, um in Liebe, Freiheit und Selbstgestaltung meinen eigenen Weg zu gehen.

Wir dürfen nicht vergessen, dass unser Leben auf dieser Erde ein Geschenk an uns ist. Gestalten Sie es zu etwas Besonderem, machen Sie es wertvoll. Dies geht nicht von heute auf morgen, nehmen und geben Sie sich Zeit hierzu. Meines Erachtens ist dies eine Aufgabe bis an unser Lebensende. Doch fangen Sie heute noch damit an, es fühlt sich grandios an, rückblickend Erfolge zu sehen. Jetzt wollen wir aber starten.

Da wir anfangen wollen, uns näher kennenzulernen und mehr in die Tiefe unseres Inneren vordringen möchten, sind die nachfolgenden Texte in der DU-Form geschrieben. Es hilft uns, einen leichteren Zugang sowohl zu unserem wahren Selbst, als auch zu unserem Unterbewusstsein zu bekommen. Öffne dein Herz und lasse dich führen.

Zu jedem Themenbereich habe ich viel Platz und Freiraum für eigene Gedanken und Worte gelassen. Zum selbst analysieren, reflektieren, beobachten, erkennen bzw. wahrnehmen. Schreibe was dich bewegt, lass dein inneres sprechen.

Jedes Thema schließe ich in wenigen kurzen Sätzen mit einem **Gedanken zur Heilung** ab. Eine positive **Affirmation** fasst dies in einem Satz zusammen.

Meine Notizen:

Spontane Gedanken die mich aktuell bewegen:

Zeit mit mir

Ich, für mich, glaube, es ist sehr wichtig, dass wir anfangen und erkennen wie wichtig es ist, sich um sich selbst und sein Inneres zu kümmern. Nur in diesem unserem inneren Raum können wir beginnen, etwas zu verändern. Was nehme ich an mir wahr? Welche Gedanken sind mir bewusst, wie viele Atemzüge kommen und gehen täglich durch meinen Körper? Fühlen sie sich alle gleich, oder manches Mal unterschiedlich an? Wie oft nehme ich meinen Herzschlag wahr? Ich darf anfangen, mein Bewusstsein mir gegenüber zu verstärken. Welche Gedanken kommen an die Oberfläche, welche Gefühle, wie reagiert mein Körper auf Aufmerksamkeit. Trete im Geist einen Schritt zurück und beobachte dich. Kannst du dein Handeln, deine unterdrückte Wut oder sonstige Emotionen erkennen, bekommst du einen anderen Blickwinkel hierzu?

Nur in der Zeit mit mir, in der Stille, kann ich diese Wahrnehmungen beobachten. Es ist wichtig, alles zuzulassen, nicht zu verurteilen. Lasse alle aufkommenden Gedanken, Bilder, Gefühle zu, bleibe in der Beobachterrolle. Alles darf sein, so wie es ist. Wie ein Film ziehen verschiedene Situationen und Handlungen deines Lebens an dir vorbei. Es ist Bestandteil deines bisherigen Lebens. Nimm es an! Du hast die Möglichkeit daraus zu lernen, bestimmte Muster zu erkennen. Im Annehmen was ist und vergeben, uns und unseren Mitmenschen gegenüber, machen wir uns frei. Können selbstbestimmt unserer Zukunft entgegengehen.

Für mich begann, als ich mich aufmachte auf den Weg zu mir, eine wahrlich interessante Entdeckungsreise. Spannender als jeder Krimi. Viele Höhen und Tiefen. Es wurde für mich ein Weg daraus, den ich nun wahrhaftig als Leben bezeichnen kann. Was früher grau, eintönig und oft trostlos erschien, gestaltete sich zu einem lichtdurchfluteten, farbenfrohen, selbstständigen und selbstbewussten Leben. Auch auf mich warten Aufgaben, jedoch weiß ich, dass es nur solche Aufgaben in meinem Leben gibt, die ich auch in der Lage bin zu meistern. Auch wenn es sich für mich zu bestimmten Zeiten nicht so anfühlte bzw. noch anfühlt. Mit jeder dieser Aufgaben bin ich gewachsen und habe an Stärke gewonnen. Immer mehr durfte ich das Geschenk der Worte in meinem Inneren, zur Aufarbeitung sowohl meiner eigenen Themen als auch zur Unterstützung für andere Menschen, wahrnehmen.

Es gibt das Sprichwort: „Sich etwas von der Seele schreiben". Für mich ist das Schreiben wahrlich zum Segen geworden. Auch wenn nicht bei jedem Menschen Bücher daraus werden, glaube ich doch, dass ich mit dem Schreiben einen Zugang zu meiner Seele, zu meinem Inneren bekomme. Anfangs vielleicht noch wenig, später wenn mein Inneres fühlt, dass es wahrgenommen werden will, glaube ich, sprudelt sehr vieles, oft jahrzehntelang Unterdrücktes an die Oberfläche. Deshalb gehört für mich zum Punkt Zeit auch das schriftliche Festhalten bestimmter vergangener Lebenssituationen dazu. Aus diesem Grund sind die für mich wichtigen Themen, die zur Heilung unseres ganzen Seins beitragen, in diesem Buch mit genügend Platz für eigene Worte und Gefühle versehen.

Indem du dir Zeit für dich nimmst, kannst du gleichzeitig auch ein Vorbild für deine Familie und deine Kinder sein. Diese lernen dann schon von klein auf, wie wichtig es ist, mit sich selbst sein zu können. Viele Menschen haben hierin Schwierigkeiten, wir haben es nicht gelernt, mit uns und in uns sein zu können. Noch vor Jahren wäre bei mir an allererster Stelle der Satz „Ich habe dafür keine Zeit" gekommen. Vielleicht kommt dieser Gedanke auch vielen Lesern als Erstes in den Sinn. Dann überlege dir ganz genau, was du willst! Entweder in der alten Tretmühle des Jammerns bleiben oder eben nicht!!!

80 % all unserer Arbeiten erledigen wir in 20 % unserer Zeit! Diese Studie ist häufig zu lesen. Genau hier ist der Ansatz zur Veränderung, plane deinen Alltag besser und lege deinen Perfektionismus beiseite.

Seit ich mich mehr und mehr um mich und meinen Herzensweg kümmere, stelle ich fest, dass mein Alltag dadurch wirklich wesentlich leichter wurde. Alle anfallenden Arbeiten gehen mir leichter, schneller und gezielter von der Hand. Arbeiten, die vorher eher lästig waren, gehen, wenn ich meine Gedanken hierzu verändere, effektiver vonstatten. Die Einstellung, die ich zu meinen täglichen Arbeiten habe, ist der entscheidende Punkt. Wir haben ein großes Haus und einen schönen großen Garten mit Gemüsebeeten und Obstbäumen. Mir bereitet es Freude, das alles maßvoll zu pflegen und zu gestalten. Noch mehr bin ich dankbar, dass ich wieder die Kraft und Energie hierzu habe. Außerdem ist es für mich ein Geschenk, ein eigenes Haus mit Grund außen herum zu haben, in dem jeder den geeigneten Platz zum Rückzug finden kann. Dies alles sind für mich viele positive Eigenschaften, warum sollte ich deshalb jammern und dem Negativen die Oberhand geben? Wie oben geschrieben, ist es Einstellungssache, welchen Prioritäten ich Gewicht schenke.

<u>Ich</u> bin das Allerwichtigste in meinem Leben.

Nur wenn es mir gut geht und ich Kraft, Gesundheit und Liebe ausstrahle, kann ich diese an andere Menschen in meinem Umfeld weitergeben. Deshalb nochmals an dieser Stelle, wenn du etwas in deinem Leben verändern möchtest, dann fang an, dir Zeit für dich selbst einzuräumen. Ich schlage dir für den Anfang vor, dir einen Zeitplaner zuzulegen und erst mal deine „Zeiträuber" aufzudecken, indem du dort ehrlich und genau alles einträgst. Bald wirst du feststellen, was dir deine Zeit raubt und wie du dieses verändern kannst. Ich habe z. B. alle meine Vereine und auch oberflächliche Freundschaften aufgegeben, um mehr Zeit für mich und das Schreiben zu haben.

Plane täglich diese Zeiten für dich in deinen Zeitplaner ein. Du kannst in diesem auch sehr gut alle deine anderen Arbeiten mit einplanen. Egal ob sie täglich, wöchentlich oder in einem größeren Abstand zu erledigen sind. Wenn du das konsequent machst, wirst du sehr bald Erfolge sehen und spüren können. Die Hektik wird aus deinem Alltag weichen.

Meine Notizen:

Zeitplanung:

Was macht mir wahrhaftig Freude

Ich für mich wusste lange Zeit nicht, was mir wahrhaft Freude macht. Vieles erledigte ich, weil man es eben so macht. Erst mit der Veränderung meines Lebens öffneten sich mir tiefere Zugänge zu einer lebendigen Freude. Als diese bezeichne ich Dinge, die mich mit Freude aus der Tiefe meines Herzens heraus erfüllen. Unser ganzes Leben lang haben wir die Möglichkeit, weiter zu wachsen und die folgenden Zeilen weiter zu befüllen. Vielleicht entlassen wir mit der Zeit etwas oder aber durch Verändern bestimmter Sichtweisen in unserm Leben Dinge daraus. Andere kommen hinzu. Es lebt, ist nicht starr. In schlechten und schweren Zeiten kann es uns Halt und Kraft geben. Fülle alles rein, was dir Freude macht oder schöne Situationen, die du erlebt hast.

Einige Beispiele von mir sind:

- Zeit und Gespräche mit meiner Familie

- Zeit mit mir selbst zu verbringen

- In der Natur sein

- Schreiben und meine Erfahrungen weitergeben

Meine Notizen:

Was macht mir wahrhaftig Freude:

Auch das kann sich über einen längeren Zeitraum verändern, gerade wenn wir dieses Thema bisher noch nicht in unserem Leben angeschaut haben. Haben wir bisher feste und routineartige Strukturen und Tagesabläufe in unserm Alltag gelebt, so wird es uns umso schwerer fallen, Neues zuzulassen und auszuprobieren. Jedoch können wir nur dadurch herausfinden, welche Talente bisher noch verborgen in uns stecken.

Die Zeit, die wir mit uns alleine verbringen, ist ein Geschenk an uns. Niemand kann uns das wegnehmen. Täglich ½ bis 1 Stunde wären perfekt. Einmal im Monat einen ganzen Tag und alle 8-12 Wochen einmal ein ganzes Wochenende. Wichtig ist, dass du überhaupt damit beginnst, auch wenn es zeitlich nicht im vorgeschlagenen Rahmen liegt. Für einen großen Teil der Menschen beginnt hier das erste Mal in ihrem Leben ein Innehalten. Ein anderer Teil wurde vielleicht schon durch eigene Krankheit oder Schicksalsschläge zum Anhalten gezwungen. Es wurde uns nicht gelehrt, dass Zeit für uns zu einem Geschenk werden kann. Und doch ist es das, mehr als wir erahnen können. Erst wenn du dich mehr in dein inneres Fühlen vorwagst, bekommst du Antworten, was wirklich wichtig in deinem Leben ist, was dir in der Tiefe deines Herzens echte Freude bereitet. Lass dich überraschen, was alles den Weg auf die Zeilen dieses Buches findet. Wie geschrieben, es lebt und wartet, mit immer neuen Entdeckungen gefüllt zu werden.

Gedanken zur Heilung

Ich lasse unbewusste Verhaltensmuster meiner Vergangenheit los, die mich in meiner Kreativität beeinträchtigen. Diese ist der Zugang, die Verbindung zu meiner Seele. Dankbar nehme ich alle positiven Veränderungen in meinem Leben an.

Affirmation

Täglich öffne ich mich mehr, um Liebe, Freude und Dankbarkeit in mein Leben zu lassen.

Meine Notizen:

Was macht mir Freude – Neues Zulassen:

Selbstliebe – Selbstachtung

Meine Seele suchte sich diesen physischen Körper für dieses, mein aktuelles Leben heraus. Er ist ein Geschenk an mich. Damit möchte unsere Seele viele Erfahrungen und Emotionen sammeln und ihren Wissensstand erweitern. Behandle ihn liebevoll und achtsam. Bringe ihn zum Blühen und zum Leuchten. Dieser, mein Körper, ist durch mein Herz mit meiner Seele verbunden.

Bitte schreibe nun hier auf, was du an deinem Körper liebst oder aber auch ablehnst.

Arbeitsblatt auf nächster Seite.

Was liebe ich an meinem Körper

Was lehne ich an meinem Körper ab

Mache dir bewusst, dass jede einzelne Zelle deines Körpers deine Gedanken über dich selbst wahrnimmt. Sei es nun Zuwendung bzw. auch Ablehnung, die du dir entgegenbringst. Alles Negative, das du über dich denkst, darfst du lernen, in Liebe zu verwandeln. Nur du ganz alleine kannst das umprogrammieren. Fange heute noch damit an, deinem Körper zu danken für alles, was du bisher mit ihm erlebt hast. Schau in den Spiegel und sage laut zu dir selbst:

Ich liebe mich!

Er freut sich über jede Zuwendung von dir. Mache jeden Morgen ein kurzes Ritual der Liebe zu dir und deinem Körper daraus. Sei ehrlich zu dir selbst und stehe damit zu deinen Gefühlen, verbiege dich nicht für andere Menschen, Partner, Arbeitgeber, Vereine oder weil die Mehrheit der Menschen eben einen anderen Weg geht. Fang an, auf dich, auf dein Herz, dein Inneres zu hören, es wird dir den richtigen Weg zeigen zu einem liebevollen, erfüllten, glücklichen Leben.

Ich bin der Meinung, dass unsere allergrößte Heilkraft in jedem einzelnen Menschen selbst steckt. Es ist die Kraft der bedingungslosen Liebe zu uns selbst und zu unseren Mitmenschen. Es ist wie ein Feuer, das in uns brennt und alles Negative in unserem gesamten Körper heilen kann. Schritt für Schritt haben wir die Möglichkeit, alles im Feuer verbrennen zu lassen, um damit Heilung zu erzielen.

Zum Thema Selbstliebe gehört für mich auch, dass ich lerne, Grenzen zu setzen. Was tut mir gut, was ist meine eigene Entscheidung und in welchen Bereichen lasse ich mich von anderen zu stark in meinem Sein beeinflussen. Es nützt niemanden, schon gar nicht mir selbst, wenn ich mich für andere Menschen aufopfere. Ich glaube auch nicht, dass dies unser Weg auf dieser Erde ist. Wir sind hier in diese Welt geboren um ein freies, selbstbestimmtes Leben zu leben und zu führen. Dazu gehört auch, Verantwortung für mein Leben zu übernehmen.

Doch wenn ich es nicht gelernt habe, mich selbst wichtig zu nehmen, mich selbst zu achten, wie soll ich dies umsetzen? Diese Frage bekomme ich in diesem Zusammenhang oft gestellt. Wenn ich mich umschaue, spüre ich, dass sehr vielen Menschen das Selbstbewusstsein fehlt. Jeder Mensch strahlt seine eigene Energieform aus. Und wenn man sich nur etwas mit diesem Thema auseinandersetzt, kann man die Gemütszustände bzw. Energieformen anderer Menschen sehr schnell wahrnehmen (erkennen). Welche Möglichkeiten habe ich nun, das zu verändern? Betrachte ich als Erstes aus welchen Wörtern das Wort „Selbstbewusstsein" zusammengesetzt ist.

Selbst
Ich, das höhere Selbst, Verbindung zu Körper, Geist und Seele

Bewusst
Achtsamkeit, Beobachten, Wahrnehmen, spüren, fühlen

sein
im Hier und Jetzt sein

Sich - selbst - bewusst - sein

Zusammengefasst verstehe ich unter dem Wort Selbstbewusstsein, dass ich lernen darf, mich und mein ganzes Sein besser wahrzunehmen, bewusster auf mein Inneres und Äußeres zu achten, welches das Wort schon beinhaltet. Da man nur etwas in seinem Leben verändern kann, wenn man sich aktiv damit befasst, ist es auch in diesem Bereich wichtig, sich mit sich selbst auseinanderzusetzen. Fühle täglich, wie oben beschrieben, in dich hinein, um dein Bewusstsein dir gegenüber zu erhöhen.

Es gibt kein Gestern und Morgen, an dem ich etwas in meinem Leben verändern kann, nur ein Hier und Jetzt, in diesem Augenblick.

Gedanken zur Heilung

Dankbar erkenne ich die Ablehnungen mir selbst gegenüber und verwandle diese, Schritt für Schritt, in Selbstliebe und Selbstachtung. Ich darf lernen, mich und meinen ganzen Körper vollkommen zu lieben, darin liegt meine allergrößte Heilkraft.

Affirmation

Ich liebe mich bedingungslos, so wie ich bin, mit meinem ganzen Sein.

Meine Notizen:

Selbstliebe-Selbstachtung:

Vater – Mutter - Prägungen

Dieses Thema ist unmittelbar mit dem nachfolgenden Thema über das innere Kind verbunden. Viele bisher unbewusst wirkende Muster haben wir von unseren Eltern übernommen, deshalb ist es wichtig, diese aufzuspüren. Als Erstes wollen wir uns damit auseinandersetzen, mit welchen Gefühlen und welchem Verhalten wir unsere Eltern in Verbindung bringen. Wie haben sie reagiert, wie haben sie ihre Emotionen ausgedrückt bzw. ihr ganzes Leben gelebt.

In einer Liste habe ich viele verschiedene Gefühle gegenübergestellt. Diese können dir Hilfestellungen geben, um deine Eltern näher zu beschreiben:

aggressiv	friedlich
laut	leise
rücksichtslos	verständnisvoll
egoistisch	selbstlos
alles egal	achtsam
unerfüllt	erfülltes Leben
unzufrieden	zufrieden
dominant	unterlegen
geizig	großzügig
schlecht gelaunt	gut gelaunt
arrogant	bescheiden
eitel	natürlich
aufbrausend	zurückhaltend
gefühlskalt	gefühlsbetont
gefühllos	einfühlsam
herrisch	nachgiebig
respektlos	respektvoll
bekämpfend	unterstützend
kritisierend	aufbauend

Trage nun entweder aus der vorgeschlagenen Liste oder mit deinen eigenen Worten die Gefühle ein, wie du deine Eltern emotional wahrgenommen hast.

Wie nahmst du deinen Vater wahr?

Meine Notizen:

Und wie deine Mutter?

Erkennst du Zusammenhänge, Muster oder Anschauungen, die in deinem eigenen Leben wirken. Wir dachten doch, ein frei bestimmtes, eigenständiges Leben zu führen. Weißt du, auch deine Eltern waren gefangen in den Mustern der Vergangenheit, auch sie waren verletzte Kinder und von der Erziehung ihrer Eltern geprägt. Wenn wir diesen Blickwinkel zulassen, wird unsere Sichtweise ihnen gegenüber vielleicht etwas warmherziger. Mit dem Erkennen solcher Muster deiner Eltern hast du die Möglichkeit, mit der Zeit deine eigenen noch unsichtbar wirkenden Muster zu verändern.

An dieser Stelle bitte ich dich, nun zuerst deinem Vater und später deiner Mutter einen Brief zu schreiben. Alle Last, die dir auf dem Herzen liegt, darf den Platz auf diesem Papier finden. Nimm dir an dieser Stelle ganz bewusst viel Zeit und lasse ehrlich deine Worte und auch alle aufkommenden Emotionen fließen. Wenn du anfangs meinst, da kommt doch eh nichts, bleib sitzen und wenn es 1 Stunde und länger ist. Irgendwann werden die Worte aus deinem Inneren an die Oberfläche drängen und dann schreibe los. Schreibe zuerst einen Brief an deinen Vater, an einem anderen Tag an deine Mutter. Diese Briefe sind nur für dich zur Unterstützung und Heilung deiner Gefühle gedacht und nicht für deine Eltern oder auch andere Menschen. Am besten verbrennst du ihn danach und wirst dir dabei nochmals bewusst, dass du damit Altes aus deinen Körpern entlassen hast.

Brief an den Vater

Bevor du mit den nächsten Schritten weitermachst, solltest du ein paar Tage dazwischen lassen. Gib dir Zeit, Dinge anzuschauen, Gefühle zu fühlen und zu verarbeiten. Überstürze nichts. Es braucht alles seine Zeit. Lass dir auch beim nächsten Brief an deine Mutter Zeit, die entsprechenden Zeilen zu verfassen.

Brief an die Mutter

Falls du zu einem späteren Zeitpunkt spürst, dass noch etwas nach oben drängt, fang einfach an, nochmals einen Brief zu schreiben, die unsichtbaren Schnüre zu lösen. Sei dankbar für die Worte, die den Weg auf dein Papier finden, damit wirken sie nicht mehr in deinem Inneren. Schreibe so viele Briefe bis du Frieden in deinem Inneren mit deinen Eltern gefunden hast. Diese Themen gehören nun der Vergangenheit an. Du bist jetzt frei für neue Erfahrungen in deinem Leben.

Zusätzlich kannst du dir vorstellen, dass dir dein Vater/Mutter etwa in einem Abstand von 2 Metern gegenübersitzt. Schließe die Augen und nehme einfach nur wahr. Am besten zündest du hierfür eine Kerze an. Ein goldenes Schwert trennt nun alle unsichtbaren Schnüre und Verbindungen zwischen euch beiden. Lasse es solange wirken, bis du denkst, dass alles gelöst ist. Atme einige Male tief ein und wieder aus. Wiederhole das Schreiben und das Lösen der Verbindungen so oft, wie es für dich nötig ist. Nach einiger Zeit wirst du merken, dass du befreiter und leichter im Leben stehst.

Gedanken zur Heilung

Ab heute öffne ich mich dafür, alte Familienmuster, die bewusst oder unbewusst in mir wirken, aus meinem Leben zu entlassen. Ich vergebe meinen Eltern und den bereits verstorbenen Ahnen, um mein Leben in Zukunft frei zu leben und zu gestalten.

Affirmation

Ich lasse alle unsichtbar wirkenden Energien, Schnüre oder Muster, die mit meinen Eltern und meiner ganzen Ahnenreihe in Verbindung stehen, los.

Meine Notizen:

Vater-Mutter-Prägung:

Das innere Kind in mir

Untrennbar mit dem Thema Selbstliebe hängt auch dieses aktuelle Thema zusammen. Als Kind fühlten wir uns sehr oft unverstanden von unseren Eltern. Sie diktierten unser Leben, machten uns Vorschriften. Wir fühlten uns in unserem Freiheitsdrang und Entdeckergeist, den jedes Kind in sich trägt, ausgebremst. Daraus entstanden viele unterdrückte Gefühle und Muster, die bis heute unbewusst unser aktuelles Leben beeinflussen. Wie ein Programm, das ferngesteuert im Hintergrund abläuft, reagieren wir in bestimmten Situationen, eben weil festgefahrene Muster aus unserer Kindheit in uns wirken. Wir haben uns als Kind oft schuldig für das Verhalten unserer Eltern gefühlt. Diese Erfahrungen steuern uns bis heute und lassen uns nicht frei, unser jetziges, aktuelles Leben führen. Wie mit unsichtbaren Schnüren sind wir mit unseren Eltern und deren Eltern bis 7 Generationen zurück in uns verbunden. Erst wenn ich anfange, mich damit auseinanderzusetzen, habe ich auch die Möglichkeit, diese zu lösen und damit zu verändern. Erst dadurch werde ich ein vollkommen eigenständiger Mensch.

Ich begegnete Männern die beruflich etwas erreicht haben, Haus, Wohnung haben, Familie, einen gesunden, trainierten Körper haben und plötzlich wie aus dem Nichts bei einer Situation oder Frage antworten wie ein kleines, hilfloses Kind. Ihr komplettes, vorher noch dagewesenes Selbstbewusstsein, brach zusammen wie ein Kartenhaus. Dieses verletzte Kind in mir wartet darauf, dass ich mir bestimmte Situationen meiner Vergangenheit noch einmal näher anschaue. Ich darf dieses Kind in meine Arme schließen und es liebevoll an mein Herz drücken. Die Vergangenheit ist nun vorbei und hat keine

Macht mehr über uns. Lass zu, dass vielleicht viele Tränen aus den Augen dieses kleinen Kindes fließen. Jede einzelne Träne ist ein Schritt auf unserem Heilungsweg, den ich endlich gehen möchte. Behalte dieses kleine verängstigte Kind so lange in deinen Armen, bis es sich wieder beruhigt hat. Streiche ihm zärtlich über den Kopf, schau ihm in die Augen und sage ihm „Ich liebe dich!". Freue dich darauf, mache es zu einem Fest in Liebe, deinem kleinen, verletzten, inneren Kind zu begegnen.

In diesem Heilungsweg liegt so unendlich viel verborgene Kraft in mir. Es hindert mich wie eine angezogene Handbremse, mein Leben, mein Potenzial voll und ganz auszuschöpfen. Wenn ich mich auf den Weg mache, die Verletzungen meines inneren Kindes in mir zu heilen, werde ich mich mehr und mehr als Ganzes in mir wahrnehmen können. Es ist tatsächlich so, dass bei schweren Erlebnissen oder Traumata in der Kindheit sich ein oder mehrere Teile der Seele abspalten, um an dieser Situation nicht zugrunde zu gehen. Erst wenn ich mein Herz für diese Situationen meiner Kindheit und damit auch den Seelenanteilen von mir öffne, können diese heilen und meine Seele wieder ganz werden.

Hier kommt mir ein Gedanke aus meinem bisherigen Leben. Es wird mir jetzt erst nach vielen, vielen Jahren beim Aufschreiben dieser Worte bewusst. Lange vor meinem Zusammenbruch schrie es aus meinem Inneren heraus: „Ich fühle mich als Schatten meiner Seele!" Diese Worte quollen ab und zu aus meinem Mund. Damals konnte ich damit allerdings noch nichts anfangen. Erst jetzt wird mir bewusst, wie gefangen mein Körper und mein Innerstes damals waren. Meine Seele war nur ein Bruchteil ihres Ganzen. Viele Teile haben sich von den vielen Verletzungen in meiner Kindheit von mir abgekapselt. Meine Seele hat immer versucht, mich darauf aufmerksam zu machen, aber ich habe es nicht gelernt, ihr einen Raum in mir zu geben.

So kam es, wie es kommen musste, zu meinem totalen Zusammenbruch. Aus eigener Erfahrung kann ich nun sagen, wie viel Kraft und Freude ich durch die Heilung meines inneren Kindes in meinem Leben erfahren durfte. Es ist mir, obwohl dieser Weg mehr als viele, viele Tränen kostete und viel mehr als schwer war, zu einem Geschenk geworden. Wie eine unsichtbare Quelle an Energie fühlt es sich für mich an, wenn meine Seele wieder zu ihrer Ganzheit zusammengefunden hat. Eins und ganz zu sein in mir, dieses Gefühl gelingt mir nicht, in Worten auszudrücken. Ich kann es nur dankbar in meinem Herzen fühlen. Und immer wieder gelange ich an diesen Punkt der unendlichen Dankbarkeit, Liebe, Freude, Glückseligkeit. Hier stelle ich fest, dass im letzten Wort des vergangenen Satzes auch das Wort Seele steckt. Glückseligkeit, die Verbindung zu meiner Seele.

Zuerst ist es wichtig, mir täglich Zeit für diese Wahrnehmungen in mir zu nehmen. Am besten etwa wieder 1 Stunde. Suche dir einen Platz, an dem du in dieser Zeit ungestört bist. Atme einige Male tief ein und wieder aus, lasse alles los, entspanne mehr und mehr.

Lege dir Papier und Stift zur Hand. Lasse deinen Atem frei fließen. Spüre tief in dich hinein. Erinnere dich an deine Kindheit. Lass die aufkommenden Bilder langsam an dir vorbeiziehen. Gibt es eine Situation, in der du Angst hattest, wütend, verzweifelt warst? Bleibe mit deiner Aufmerksamkeit genau an dieser Stelle. Wie fühlt es sich an, dort zu sein. Welche Empfindungen kommen an die Oberfläche. Lasse alle diese Gefühle zu.

Als erwachsene Person spürst du in diesem Moment vielleicht dieses verzweifelte, hilflose kleine Kind aus deiner Kindheit.

Nimm dieses Kind an die Hand, tröste es, streiche ihm über seine Wange, vielleicht rollen Tränen über seine Wangen. Halte es liebevoll und zärtlich in deinen Armen. Vielleicht schmiegt es sich an deine Brust auf der Suche nach Liebe. Es spürt, dass du es gut mit ihm meinst und nimmt deine innige, wärmende Liebe aus deinem Herzen dankbar an. Wenn sich nach einer Weile dieses kleine Kind sicher und geborgen bei dir fühlt, schau ihm in die Augen und sage ihm, dass du es innig und unendlich liebst und nun nie mehr alleine lässt. Immer und jederzeit wirst du nun für es da sein.

Da Schreiben der Zugang zu unserem Unterbewusstsein ist, dürfen wir uns auch hier wieder aktiv beteiligen.

Welche negativen Situationen deiner Kindheit oder Ereignisse deiner Kindheit fallen dir ein?

Welche Gefühle kommen dadurch an die Oberfläche (traurig, hilflos, wütend, ängstlich …)

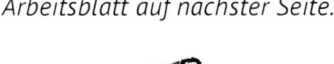

Arbeitsblatt auf nächster Seite.

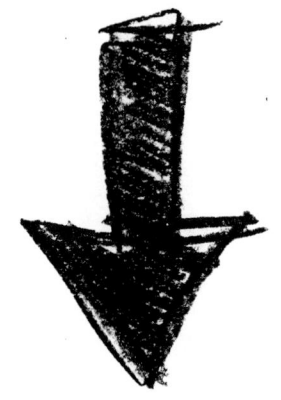

Meine Notizen:

Negative Erinnerungen meiner Kindheit:

Negative Erinnerungen meiner Kindheit:

Hier kannst du die positiven, schönen Erinnerungen aufschreiben.

Wie fühltest du dich hierbei (fröhlich, glücklich, zufrieden,
geborgen ...)

Arbeitsblatt auf nächster Seite.

Meine Notizen:

Positive Erinnerungen meiner Kindheit:

Meine Notizen:

Positive Erinnerungen meiner Kindheit:

Nimm dir wirklich Zeit für dieses dein inneres Kind. Mach mit ihm was Kinder in diesem Alter eben gerne machen, um sich frei und unbeschwert zu fühlen: singen, tanzen, springen, lachen, einfach Freude am Leben haben. Sei dankbar für alle schönen und wunderbaren Erlebnisse aus dieser deiner Kindheit. Da in uns jedoch, meistens unbewusst, die negativen, verletzten und bisher unterdrückten Gefühle wirken, wollen wir uns in erster Linie um diese kümmern. Wir wollen alle Emotionen aus dieser Zeit an die Oberfläche lassen. Nur dadurch können wir mit der Zeit Heilung erlangen, um frei zu werden.

Das Schreiben gibt dir die Möglichkeit, tief im Inneren Verborgenes einfach nur fließen zu lassen. Schreibe dir deinen Schmerz von der Seele, um Altes aus der Vergangenheit loszulassen, um damit leichter und befreiter der Zukunft entgegenzugehen.

Ich wünsche dir, lieber Leser, dass du diese Erfahrung des geheilten inneren Kindes in dir, in deinem jetzigen, aktuellen Leben spüren und erfahren darfst. Es wird dadurch ein neues bisher nicht gekanntes Leben auf dich warten.

Gedanken zur Heilung

Dankbar erinnere ich mich an die schönen Zeiten meiner Kindheit. Alle negativen Erfahrungen und Schmerzen lasse ich an die Oberfläche, um mit der Zeit Liebe und Heilung zu erlangen.

Affirmation

Genauso wie ich bin, bin ich wunderbar, einzigartig, schön und von Gott geliebt.

Meine Notizen:

Gedanken zum inneren Kind in mir:

Glaubenssätze

Aus diesen Erlebnissen und Erfahrungen unserer Kindheit sind tief in unserem Inneren Glaubensmuster entstanden, die wie mit unsichtbaren Fäden mein jetziges Leben unbewusst steuern. Erst wenn ich das erkenne, habe ich die Möglichkeit, diese umzuwandeln.

Auch hier schreibe ich in einer Liste verschiedene Vorschläge zusammen. Auf der linken Seite Glaubensmuster, die ich so aus der Kindheit übernommen haben könnte (Vorschläge), auf der rechten Umkehrungen, wie ich diese in meinem aktuellen Leben ganz bewusst umwandeln und damit verändern und Heilung erlangen kann.

Unbewusst wirkende Glaubenssätze aus der Kindheit	Bewusste Umkehrungen dieser Glaubenssätze
Ich bin zu laut.	Ich darf so sein, wie ich bin.
Ich bin schuld.	Ich bin vollkommen, so wie ich bin.
Ich bin hässlich.	Ich bin schön, so wie ich bin.
Ich bin arm.	Ich bin reich gesegnet.
Ich bin nicht richtig, so wie ich bin.	Ich bin genau richtig, so wie ich bin.
Ich bin faul.	Ich darf so sein, wie ich bin.
Ich bin nicht gut genug.	Ich bin wunderbar und einzigartig.
...	...

Wenn ich mir die Mühe mache, nach diesen Glaubenssätzen zu suchen, habe ich auch die Möglichkeit, diese über einen gewissen Zeitraum umzuprogrammieren. Trage nun die für dich stimmigen Sätze in der unten, stehenden Liste ein. Spüre deine unbewusst wirkenden Glaubenssätze in dir auf und forme die für dich richtigen Sätze daraus. Vergiss nicht, auch die Umkehrungen in die rechte Liste einzutragen.

Meine Notizen:

Unbewusst wirkende Glaubenssätze aus der Kindheit:	Positive, heilende Glaubenssätze:

Meine Notizen:

Unbewusst wirkende Glaubenssätze aus der Kindheit:	Positive, heilende Glaubenssätze:

Meine Notizen:

Unbewusst wirkende Glaubenssätze aus der Kindheit:	Positive, heilende Glaubenssätze:

Wie komme ich nun langfristig zu einem Ergebnis?

Unser Gehirn braucht etwa 4 Wochen um ein neues Muster als solches zu erkennen und nachhaltig in diesem abzuspeichern, deshalb ist mein Vorschlag, diese positiven Affirmationen mindesten über diesen Zeitraum anzuwenden. Sprich diese Glaubenssätze 3-mal täglich mindestens 20-50-mal am besten laut aus! Louise Hay, Meisterin für Affirmationen, sagte zu diesem Thema: Diese Worte und Sätze nicht 30- oder 50-mal, sondern täglich 300-mal aussprechen. Es gibt hier also kein Zuviel. Schaue, welcher Rhythmus für dich passt. Vielleicht kommen bestimmte Gedanken oder Sätze nach einiger Zeit wieder an die Oberfläche, dann lass es zu und arbeite erneut mit ihnen.

Gedanken zur Heilung

Dankbar erkenne ich, welche Muster und Prägungen bisher mein Leben mitbestimmt haben. Nur durch das bewusste Wahrnehmen dieser Zusammenhänge kann ich mein Leben in Zukunft selbstbestimmt leben, achten und verändern.

Affirmation

Ab heute übernehme ich die volle Verantwortung für meine Gedanken und damit für mein weiteres Leben. Ich richte all mein Denken, Tun und Handeln in Liebe aus.

Meine Notizen:

Weitere Gedanken zu Glaubenssätzen:

Gaben – Seelenaufgaben

Jeder Mensch ist mit besonderen Fähigkeiten und Gaben auf diese Erde gekommen. Wir bemerken und erkennen dies, ob uns Aufgaben leicht oder schwer, fallen. Hast du z. B. die Fähigkeit, mit deiner Stimme Menschen zu begeistern oder würden die Zuhörer lieber das Weite suchen? Wenn wir Arbeiten mit Liebe, Freude und Begeisterung erledigen, gehören sie bestimmt zu einem Teil unserer Gaben. Wir spüren, dass uns solche Aufgaben wesentlich leichter und schneller von der Hand gehen als andere. Wir müssen hierfür weniger Mühe aufbringen.

Bei anderen Dingen jedoch ist es eher das Gegenteil. Auch wenn wir uns noch so sehr anstrengen, kommt einfach ein unzufriedenes Ergebnis heraus. Ich für mich lebte lange Zeit in einem sehr konservativ geprägten Leben. Als ich mich zum ersten Mal mit dem Thema Selbsterkenntnis meines Lebens beschäftigte, erschrak ich und stellte fest, dass ich mich von den Mustern und Rollenverteilungen meiner Vorfahren enorm geprägt fühlte. Von einem selbstbestimmten und erfüllten Leben fühlte ich mich weit entfernt. Dieser Gedanke beschäftigte mich sehr lange in meinem Leben und Schritt für Schritt fing ich an, dieses zu verändern.

Da wir lernen wollen, uns selbst besser zu verstehen, machen wir weiter, uns mit unseren Stärken und Schwächen auseinanderzusetzen. Aus diesem Grund schreiben wir diese jetzt auf. Lass dir Zeit, und wie schon geschrieben, kommen vielleicht zu späteren Zeiten noch weitere Einträge hinzu. So wie du lebst und dich veränderst, so wird es sich auch auf deine Themen und Aufgaben in deinem weiteren Leben auswirken.

Meine Notizen:

Was sind meine Stärken:

Meine Notizen:

Was sind meine Schwächen:

Alles gehört zu dir, macht dich zu einem Ganzen. Wir können nicht einen Teil unseres Seins ablehnen und nur das, was wir gerne an uns mögen, annehmen. Nur mit unseren Stärken und unseren Schwächen sind wir komplett. Das dürfen wir lernen und annehmen.

Auch das kann sich über einen längeren Zeitraum verändern, gerade wenn wir dieses Thema bisher noch nicht in unserem Leben angeschaut haben. Haben wir bisher feste und routineartige Strukturen und Tagesabläufe in unserm Alltag gelebt, so wird es uns umso schwerer fallen, Neues zuzulassen und auszuprobieren. Jedoch können wir nur dadurch herausfinden, welche Talente bisher noch verborgen in uns stecken.

Gedanken zur Heilung

Werde dir bewusst, dass du nur ganz und eins in dir werden kannst, wenn du sowohl alle deine Stärken als auch alle deine Schwächen in dir anerkennst und diese annimmst. So wie eine Kugel nicht rund und symmetrisch ist, wenn sie nur eine Hälfte ist, genauso bist du nicht rund und komplett, wenn du nur deine Stärken in dir haben möchtest und damit deine Schwächen ablehnst.

Affirmation

Ich liebe mich mit meinen Stärken und auch mit meinen Schwächen, nur dadurch bin ich ganz.

Meine Notizen:

Weitere Gedanken Gaben – Seelenaufgaben:

Ängste

Jeder Mensch hat tiefsitzende Ängste in sich verborgen. Die Frage ist nur, wie wir damit umgehen. Wollen wir sie im stillen Kämmerlein weiter hegen und pflegen, oder wollen wir sie erspüren und dadurch verwandeln. Das kann nur jeder für sich selbst entscheiden. Durch bewusstes Erkennen haben wir die Möglichkeit, Angst in Stärke umzuwandeln. Deshalb ist auch hier das schriftliche Festhalten meines Erachtens wieder sehr wichtig und gut geeignet.

In die linke Spalte fassen wir unsere Ängste in einem Satz zusammen. Achte in deinem Tagesablauf, in welchen Situationen solche Ängste auftreten, und versuche diese dann zeitnah, spätestens am Abend des gleichen Tages, aufzuschreiben. Vielleicht sind es immer wieder die gleichen Situationen, die in dir auftauchen. Durch das Schreiben hast du besser die Möglichkeit, dir bewusst darüber zu werden.

In die rechte Spalte formulierst du den Satz aus der linken Spalte in einen positiven, aufbauenden Satz um. Auch wenn du vielleicht aktuell noch keinen Zusammenhang hierbei erkennen kannst, bitte ich dich trotzdem weiterzumachen. Hier haben wir wieder Glaubenssätze, auch Affirmationen genannt, erzeugt. Sprich diese nun täglich 3-mal, mindestens 20-50-mal, über einen Zeitraum von etwa 4 Wochen am besten laut aus, und leise in dir bei jeder aufkommenden Angst in deinem Alltag. (Wie oben schon unter dem Kapitel „Das innere Kind in mir" beschrieben.)

Vielleicht kommen neue Ängste hinzu, vielleicht lösen sich alte auf. Setze dich wirklich aktiv mit diesen Ängsten auseinander. Hierin sind unsere größten Stärken verborgen. Mach dich auf, dein Leben selbst in die Hand zu nehmen, es wartet so Unglaubliches auf dich. Anfangen musst du jedoch selbst damit.

Ich habe am Anfang zur Hilfestellung wieder einige Beispiele aus meinem Leben aufgeführt:

Unsere Ängste	Umwandlung	Umkehrungssätze zur Heilung
Angst zu sprechen, mein Hals schnürt mir die Kehle ab. Fehlende Luft zum Atmen.		Ich öffne mich dem freien Fluss meiner Stimme. Ich öffne mich, meine Worte frei fließen zu lassen.
Angst mich zu zeigen, mich und meinen Körper nicht wertschätzen.		Ich stehe voll und ganz hinter mir, mit meinem ganzen Sein.
Angst vor äußeren verbalen Verletzungen, die neidvollen Blicke anderer fühlen sich wie Nadelstiche, bzw. Schwerter in meinem Körper an.		Alle negativen Worte, Gedanken und Handlungen mir gegenüber wandle ich in Liebe um und schicke sie 100-fach zurück.

Meine Notizen:

Ängste: ***Umkehrungssätze zur Hei-***

lung:

Meine Notizen:

Ängste: **Umkehrungssätze zur Heilung:**

Gedanken zur Heilung

Ab heute stelle ich mich meinen Ängsten entgegen. Ich gebe ihnen keine Macht mehr über mich. Dadurch übernehme ich mehr und mehr die Verantwortung für mein Leben und entscheide mich, meine mir gottgegebene Macht zu leben. Damit stärke ich mein ganzes Sein.

Affirmation:

Ich stelle mich meinen Ängsten, um dadurch ein starkes und selbstbestimmtes Leben zu führen.

Meine Notizen:

Ängste:

Gedanken

Dieses Thema ist wirklich ein Herzensthema von mir, weil ich dadurch so viel in meinem Leben verändern kann. In jeder Situation bzw. Aufgabe habe ich die Möglichkeit, in die Negativität zu verfallen, oder aber ich kann das Beste aus dieser Begebenheit machen.

Für mich ist es unwahrscheinlich wichtig zu wissen, dass jeder einzelne unserer Gedanken Energie ist und wirkt, ob ich dies weiß oder nicht. Mein bisheriges Leben ist ein Ergebnis daraus. Für mich war es einerseits erschreckend zu erkennen, dass ich Mitschöpfer meines vergangenen Lebens war, andererseits sah ich hierin eine Möglichkeit, dieses in Zukunft verändern zu können. Es war keine Frage, dass ich das wollte.

Wie kann ich nun meine Gedanken verändern?

1. Es ist wichtig, mir meiner Gedanken bewusst zu werden. Eine gute Möglichkeit hierzu ist, diese aufzuschreiben. Zusätzlich immer und immer mehr meinen Gedanken Aufmerksamkeit schenken. Sind diese eher positiv oder negativ, annehmend oder verurteilend. Dieses jahrzehntelange und unbewusste Denken hat sich in meinem Unterbewusstsein sehr stark verankert und festgesetzt. Es braucht Zeit, Achtsamkeit und Ausdauer, um dies umzuprogrammieren.

2. Ich persönlich habe bei jeder aufkommenden Negativität ganz bewusst positive Vorträge über YouTube gehört.

3. Durch positive Affirmationen/Glaubenssätze kann das Unterbewusstsein umprogrammiert werden.

4. Dankbarkeitstagebuch führen. Jeden Abend etwa 10 Dinge aufschreiben, für die ich dankbar bin. Oft nach neuen Dingen suchen. Ganz bewusst bei aufkommender Negativität Dankbarkeit üben.

5. Meine Gedanken erschaffen meine Realität, mein Leben. Wenn mir dieser Satz durch und durch bewusst ist, merke ich, dass ich damit der eigene Meister meines Lebens bin. Ich habe tatsächlich die Möglichkeit, durch meine Gedanken über mein Leben zu entscheiden. Will ich es in Zukunft positiv, glücklich und erfüllend erschaffen oder will ich lieber im Leiden und Kranksein verweilen.

Für mich war und ist diese Erkenntnis bis heute mit zu meinem größten Geschenk geworden. Ich entscheide mich täglich für die unglaublich vielen positiven Geschenke und Begegnungen in meinem Leben. Es ist ein wunderbares Gefühl, aus tiefstem Herzen heraus dankbar zu sein.

Was denkt es in mir?

Meine Notizen:

Was denkt es in mir?

Bei aufkommender Negativität kannst du dir die positiven Affirmationen weiter hinten im Buch durchlesen. Du kannst diese auch gerne z. B. auf dein Handy sprechen und anhören, sooft es für dich stimmig ist. Sie verankern sich mit der Zeit in unserem Unterbewusstsein.

Sei dir bewusst, dass Giftstoffe in Nahrungsmitteln unserem physischen Körper schaden und ihn krank machen. Genauso ist es mit unseren negativen Gedanken. Auch sie vergiften und vermüllen unsere feinstofflichen Körper und können deshalb zu Krankheiten führen.

Gedanken zur Heilung

Werde dir deiner Gedanken mehr und mehr bewusst, nur so kannst du erkennen, was es in jedem Augenblick in dir denkt. Nur durch Bewusstheit kannst du etwas in deinem Leben verändern. Lasse deine Gedanken wie Wolken vorüberziehen und entscheide dich ganz bewusst, diese ins Positive zu verändern.

Affirmation

Alle meine Gedanken wende ich der Liebe, Freude und Dankbarkeit in meinem Leben zu.

Meine Notizen:

Gedanken:

Unterdrückte, bisher nicht gelebte Gefühle

Was verstehst du unter Fühlen? Lässt du Gefühle zu? Nimmst du dir Zeit zum Fühlen? Wie fühlt sich das für dich an? Welche Gefühle kennst du? Fang an, dich mit diesem Thema auseinanderzusetzen. Lass es zu, wenn Gefühle wie Wut, Hass, Neid, Gier, usw. an die Oberfläche drängen. Es ist sehr wichtig, solche Emotionen zuzulassen. Wenn wir sie unterdrücken, führen sie in unserem physischen Körper zu Krankheiten.

Welche Gefühle warten in deinem Inneren darauf, endlich von dir angenommen und wahrgenommen zu werden? Vielleicht klopfen sie schon jahrelang an dein Inneres und du hörst es nicht, oder du willst es nicht hören. Befreien kannst du dich nur durch Annahme dieser, deiner aufkommenden Emotionen. Deine Mitmenschen und dein Umfeld zeigen dir nur, was noch verborgen und unterdrückt in deiner Tiefe schlummert.

Fang nun an, DICH um deine tief in deinem Inneren versteckten Gefühle zu kümmern. Sie warten schon so lange, um endlich an die Oberfläche zu kommen. Bei diesem Thema habe ich die Vorgehensweise der Aktivität gewählt und dir ein paar Möglichkeiten hierzu aufgeführt, wie du deine aufkommenden Gefühle verarbeiten kannst. Gerne kannst du auch andere Varianten ausprobieren. Suche, was am besten für dich passt.

Atmen

Zieh dich zurück, wo du alleine sein kannst. (Geht auf der Arbeit auch auf der Toilette.) Spüre tief in diese Empfindung hinein. Lass alle aufkommenden Emotionen, die sich zeigen, nach oben kommen. Atme nun langsam ganz tief ein und wieder aus, ein und wieder aus. Bleibe so lange im bewussten Ein- und Ausatmen, bis dieses Gefühl vorüber ist. Damit hast du nun eine unterdrückte Emotion weniger in deinem Körper.

Aktivität

Lasse alle aufgestaute Wut, Hass, Neid, usw. an die Oberfläche kommen. Fühle in diese Emotion hinein und nun power sie voll aus. Finde selbst heraus, welche Aktivität dir hier am besten tut. Falls der Wutanfall während der Arbeit auftritt und du nicht sofort die Möglichkeit zum Abreagieren hast, dann lasse diese Attacke nach der Arbeit noch einmal bildlich vor deinem inneren Auge nach oben kommen. Gehe in dieses Gefühl hinein. Nun kannst du dir, wie bereits oben beschrieben, eine Aktivität deiner Wahl suchen und dich vollkommen verausgaben.

Stimme gebrauchen

Auch hier wieder dieses Gefühl voll und ganz an die Oberfläche kommen lassen. Suche dir einen Platz, an dem du ungestört bist, an dem du deiner Stimme freien Lauf lassen kannst. Schreie nun mit voller Kraft deine Gefühle aus dir heraus. Schreie und brülle so lange, bis alle deine angestauten Emotionen aus deinem Körper entwichen sind. Wenn du eine leisere Variante bevorzugst, kannst du auch in ein Kissen hineinbrüllen, bzw. deine Wut dort hineinboxen.

Ich habe mir beim Autofahren, außerhalb von Ortschaften, meine Wut von der Seele geschrien, so lange bis meine Stimme ganz heißer war.

Gedanken zur Heilung

Ab heute entscheide ich mich, alle Emotionen zu fühlen und sie anzunehmen. Sie sind Teil meines bisherigen Lebens und wollen endlich beachtet und gefühlt werden. Nur dadurch gebe ich ihnen die Möglichkeit, sie aus meinem Inneren zu entlassen, um damit Heilung zu erlangen. Ich atme dabei langsam und bewusst tief ein und wieder aus.

Affirmation

Dankbar nehme ich alle aufkommenden Gefühle in mir an. Sie sind ein Teil von mir.

Meine Notizen:

Unterdrückte Gefühle:

Physischer, sichtbarer Körper

Unser Körper ist unser Tempel, den sich unsere Seele für dieses Leben als Zuhause ausgesucht hat. Dieser Körper ist ein Geschenk an uns für dieses Leben. Fange an, diesen täglich mehr und mehr zu lieben, zu achten, ihm Gutes zu tun, ihm dankbar zu sein. Ich habe dir ein paar Anregungen zusammengeschrieben, um diesen deinen wunderbaren Körper in Zukunft noch gesünder zu halten.

Wellness

Spüre in dich hinein, was dir und deinem Körper guttut. Ist es ein Vollbad mit Aromaölen, der Gang in die Sauna, ein Spaziergang an der frischen Luft. Vielleicht ist es eine Massage, eine Klangschalenmeditation, oder auch, ihn liebevoll mit einer guten Creme zu verwöhnen. Probiere Verschiedenes aus und fange an, ihn immer bewusster und liebevoller zu behandeln. Er wird dir dafür dankbar sein und mehr und mehr zu seiner vollsten Blüte erstrahlen.

Bewegung

Halte deinen Körper mit Bewegung fit. Am besten sind täglich etwa ½ Stunde. Es muss kein Hochleistungssport sein. Ein flotter Spaziergang ist durchaus ausreichend. Durch Yoga-Übungen werden viele unserer Sehnen und Bänder gedehnt, damit sie elastisch bleiben. Auch unsere Wirbelsäule wird gestreckt und kann sich dadurch wieder ganz aufrichten. Probiere verschiedene Möglichkeiten aus und finde deine Favoriten heraus. Ich persönlich wechsle aktuell mit Lu Jong (tibetische Übungen), Yoga und Spaziergängen in der freien Natur ab.

Atemübungen

Wir atmen im Allgemeinen viel zu oberflächlich. Mit dem Atmen gelangt jedoch frischer Sauerstoff in unseren Körper und versorgt diesen dadurch mit lebensnotwendigem Sauerstoff. Nur wenn wir eine ausreichende Menge davon aufnehmen, kann damit auch jede einzelne Zelle unseres Körpers versorgt werden. Beim Ausatmen auf der anderen Seite entlassen wir Giftstoffe, die als Abfall in unserem Körper lagern. Durch oberflächliches Atmen verbleiben viele dieser Stoffe in den Zellen unseres Körpers und vermüllen diesen somit mehr und mehr. Meiner Meinung nach reichen 3-5-mal am Tag 10-15 tiefe Atemzüge zu einer Aktivierung unseres Sauerstoffhaushaltes aus. Frische Luft in der freien Natur wäre am besten, jedoch tut es auch das offene Fenster, damit lassen wir gleich frischen Sauerstoff in unsere ganze Wohnung.

Stelle dir bildlich vor, wie frischer, reiner Sauerstoff voller positiver Energie deine Lungen komplett durchströmt, beim Ausatmen wird alles Verbrauchte, Negative wieder aus deinem Körper entlassen.

Entgiften

Durch unsere Nahrung nehmen wir täglich viele Giftstoffe zu uns, die über einen längeren Zeitraum gesehen unseren Körper vermüllen und ihn dadurch träger und müder werden lassen. Deshalb ist es wichtig, diesen in regelmäßigen Abständen von diesen Giftstoffen zu befreien. Auf diesem Gebiet gibt es unzählige Bücher, Internetseiten und auch viele YouTube-Videos. Probiere verschiedene Möglichkeiten aus und finde deine persönlichen Favoriten heraus. Einige wenige Beispiele, die ich selbst regelmäßig anwende, habe ich hier aufgeführt, wobei ich selbst auch immer wieder Neues ausprobiere:

Entsäuern

Viele Lebensmittel, die wir zu uns nehmen, übersäuern unseren Körper. Um das Säure-Basen-Gleichgewicht wieder herzustellen, gibt es einfache und kostengünstige Anwendungen:

  1 Glas heißes, abgekochtes Wasser

  ½ TL Natron in 1 Glas warmem Wasser auflösen.

  2 TL Zitronensaft, 1 TL Honig auf 1 Glas warmes Wasser geben.

  1 TL Graspulver (z. B. Weizen-/Gerstengras) für 1 Glas Wasser

Ich trinke sehr viele verschiedene, meist selbstgesammelte Kräutertees.

Jeweils 1 Getränk morgens nüchtern etwa 15 Minuten vor dem Frühstück. Bei Bedarf auch abends vor dem Schlafengehen. Ich persönlich wechsle diese Getränke immer wieder durch.

Die Sauna ist auch sehr gut zum Entschlacken. Durch das Schwitzen werden sehr viele Giftstoffe aus meinem Körper ausgeschieden. Ein Vollbad mit der Zugabe eines Päckchens Natron wirkt entsäuernd und entspannend. Wie schon erwähnt, gibt es hier eine Vielzahl von Möglichkeiten. Finde die richtige für dich heraus.

Eine gesunde Ernährung mit viel frischem Obst und Gemüse ist sehr wichtig, um unseren Körper bis ins hohe Alter frisch und vital zu erhalten. Zu viel an tierischem Eiweiß, Nikotin, Alkohol, Kaffee und Drogen schädigen und schwächen unseren Körper ganz enorm.

Meine Notizen:

Unterdrückte Gefühle:

Visionstafeln

Als ich zum ersten Mal von Visionstafeln hörte, war ich schon begeistert davon. Allerdings brauchte ich noch eine Weile, um dieses Thema für mich in meinem Alltag umzusetzen. Für mich ist es ein wunderbares Werkzeug, um einen Überblick über meinen aktuellen Lebens- und Entwicklungsstand zu bekommen und außerdem haben wir dadurch die Möglichkeit, uns damit auseinanderzusetzen, was wir denn in unserem Leben erreichen, verändern oder auch leben wollen. Schwarz auf weiß können wir unsere Ziele definieren. Fang an, über deine Grenzen hinaus zu wachsen. Nichts ist unmöglich, Grenzen setzen wir uns nur selbst, indem wir nicht an uns glauben. Deshalb fang an, deine Visionstafeln zu füllen. Ich habe mir im Baumarkt eine dünne Spanplatte mit 70 cm x 100 cm besorgt, diese mit Farbe bestrichen und in meinem Arbeitszimmer aufgehängt. Jede Überschrift habe ich auf ein DIN-A4-Blatt ausgedruckt, mit meinen Gedanken beschriftet und auf die vorbereitete Spanplatte gepinnt. Daraus ist mein persönliches Visionsboard entstanden.

Ich schlage dir vor, die Seiten am besten auch auszudrucken bzw. zu kopieren. Trage nun auf allen Seiten deine Ziele ein. Vielleicht fertigst du auch ein Visionsboard an oder du gestaltest es auf eine andere Art und Weise. Das ist ganz dir überlassen. Wenn du fertig bist, betrachte deine Visionsblätter nun täglich. Schau sie dir intensiv an, schließe deine Augen und fühle wie deine Visionen wahr werden. Fühle mit deinem Herzen die Umsetzung deiner Träume. Wachse über deine Grenzen hinaus.

Visionstafel 1 - Aktuelle Themen

Hier tragen wir die Dinge, Wünsche, Unternehmungen oder Sonstiges ein, was wir schon immer mal machen wollten, aber bisher nicht in unserem Leben umgesetzt haben. Kurzfristiges, Spontanes ist hier für mich gemeint. Ich habe Beispiele von mir eingetragen.

- Städtereise nach Barcelona

- Mehr Zeit in der freien Natur verbringen

- Gartenhaus

Meine Notizen:

Visionstafel 1 - Aktuelle Themen:

Visionstafel 2 - Ziele in den nächsten fünf Jahren

Ziele aufzuschreiben, gibt uns die Möglichkeit, uns bewusst mit unserem Leben und seinem weiteren Weg auseinander-zusetzen. Wo stehen wir, wohin wollen wir, was möchten wir erreichen? Möchten wir etwas verändern oder wollen wir ste-hen bleiben? Für mich bedeutet Leben Veränderung, bleibe ich stehen, entsteht Starre und Bewegungslosigkeit in mir und meinem Umfeld. Dies hat meiner Meinung nach nichts mit Le-ben zu tun. Deshalb können wir mit dem Aufschreiben unsere aktuelle Situation durchleuchten.

- Englisch lernen

- Vorträge ausarbeiten

- Neue Küche

Meine Notizen:

Visionstafel 2 - Ziele in den nächsten fünf Jahren:

Visionstafel 3 - Lebensziele

Lange Zeit funktionierte ich lediglich und wusste nicht, dass ich selbst verantwortlich bin, mein Leben in die eigenen Hände zu nehmen, um damit etwas in mir zu verändern. Erst als ich das erkannte und in meinem täglichen Ablauf umsetzte, erwachte mein Dasein zum wahren Leben, erst dadurch nahmen die Freude, die Liebe und die Leichtigkeit in mir zu.

- Liebe, Freude und Dankbarkeit täglich leben.

- Menschen auf ihrem Weg zu sich selbst unterstützen, wenn diese es möchten.

- Mein volles Potenzial ausschöpfen und leben.

- Meine Erfahrungen in Vorträgen und Seminaren weitergeben.

Meine Notizen:

Visionstafel 3 - Lebensziele:

Visionstafel 4 - Visionen bildlich festhalten

Suche dir entsprechende Bilder aus, die für dich zur Umsetzung deines zukünftigen Lebens, in welchen Bereichen auch immer, wichtig und richtig sind, und klebe sie auf deine Tafel. Hier kannst du täglich dein Herz öffnen für deine neu getroffene Entscheidung, diese Umsetzung fühlen und dich wahrhaftig hineinversetzen. Du kannst Bilder für dich und dein Leben wählen. Das gleiche kannst du auch zur Unterstützung für die gesamte Menschheit und Mutter Erde machen.

- Gesunder Körper

- Liebevolle Partnerschaft

- Nahrung und reines Wasser für alle Menschen dieser Erde

- Saubere Luft

- Regeneration für unsere gesamte Mutter Erde

- Frieden zwischen allen Menschen dieser Welt

Visionstafel 4 - Visionen bildlich festhalten:

Meine Notizen:

Visionstafel 5 - Positive Glaubenssätze: (Bsp. Seite 102)

Meine Notizen:

Visionstafel 6 - Wofür bin ich in meinem Leben dankbar: (Bsp. Seite 105)

Visionstafel 7 - Was habe ich bisher schon in meinem Leben erreicht und umgesetzt

- Mein Leben nachhaltig Richtung Liebe verändert

- Bücher geschrieben

- Unsere 3 wunderbaren Jungs während ihres Wachstums begleiten dürfen

- Haus gebaut

- Unseren Garten zu einer Wohlfühloase gestaltet

- Standfestigkeit in meinem Leben gestärkt

Meine Notizen:

Visionstafel 7 - Was habe ich bisher schon erreicht und umgesetzt:

Fülle diese Seiten mit deinen Gedanken und Zukunftsvisionen. Arbeite damit, sie leben von deiner Veränderung, deinen Inspirationen, Zielen, Wahrnehmungen. Lass neue Wegkreuzungen in deinem Leben zu. Es gibt den wunderbaren Spruch: „Wenn sich eine Tür in deinem Leben schließt, öffnet sich eine andere." Entscheide welche Tür du als Nächstes auf deinem Weg öffnest. Bleib nicht stehen, geh weiter positiv und voller Zuversicht deinen Weg.

Meine Notizen:

Visionstafeln:

Beispiele für positive Glaubenssätze

Hier habe ich für dich positive Affirmationen zusammengeschrieben. Du kannst sie für dich als Inspiration nehmen, kannst sie an schlechten Tagen durchlesen oder auch auf dein Handy sprechen und immer wieder anhören. Es braucht seine Zeit, bis sich solche Sätze in deinem Unterbewusstsein verankert haben. Mein Vorschlag ist, diese Sätze über einen längeren Zeitraum (3 Monate) täglich morgens, mittags und abends zu sprechen. Laut, leise oder als Sprachnachricht über dein Handy, das ist dir überlassen. Beobachte, was sich verändert.

Ich liebe mich bedingungslos mit meinem ganzen Sein.

Ich bin schön und einzigartig. Achtsam und liebevoll kümmere ich mich um meinen Körper, in dem ich ihn mit gesunden Speisen ernähre, entsprechend pflege und mit schönen Sachen kleide.

Meine Wohnung oder Haus halte ich mit liebevoller Energie sauber und richte alles harmonisch ein, damit ich, meine Familie und Freunde sich darin wohlfühlen.

Allen Menschen, denen ich begegne, bringe ich Achtung und Wertschätzung entgegen, so wie auch ich von anderen behandelt werden möchte.

Alle meine Arbeiten auf meiner Arbeitsstelle erledige ich bestmöglich, dafür bekomme ich einen angemessenen Lohn.

Alle Fülle und Segnungen dieses Lebens nehme ich dankbar an.

Alte Muster und Glaubenssätze, die aus meiner Vergangenheit noch in mir wirken, lasse ich in Liebe los, um frei und unbeschwert im Fluss des Lebens zu fließen.

Ich gehe achtsam mit der Natur und allen Lebewesen dieser unserer wunderschönen Erde um.

Meine Gedanken, Worte und Taten gestalte ich bewusst und liebevoll, sind sie doch Schöpfer meiner Zukunft.

Diese visualisiere ich mir zum Wohle aller Menschen, damit alle genügend Nahrung und sauberes Wasser haben.

Ich liebe mich bedingungslos, deshalb lasse ich mein Herz täglich mehr und mehr leuchten.

Mit meinem freien Willen entscheide ich mich für die Liebe in meinem Leben.

Liebe und Segen für alles Leben dieser unserer wunderschönen Erde.

Meine Notizen:

Positive Glaubenssätze:

Beispiele, wofür ich in meinem Leben dankbar bin

Unten aufgeführt sind die Dinge in meinem Leben, für die ich dankbar bin:

- Ich bin dankbar für mein Leben.

- Ich bin dankbar für meinen wunderbaren Körper.

- Ich bin dankbar, dass ich gesund bin.

- Ich bin dankbar für meine Familie.

- Ich bin dankbar für meinen Ehemann.

- Ich bin dankbar für unsere wunderbaren Jungs, sie sind ein Geschenk Gottes an mich.

- Ich bin dankbar für unser schönes Haus.

- Ich bin dankbar für unseren schönen Garten.

- Ich bin dankbar für unseren Gemüse- und Obstgarten und den reichen Ertrag daraus.

- Ich bin dankbar für reines, gesundes Wasser.

- Ich bin dankbar für unseren lieben Kater, der ein Teil unserer Familie ist.

- Ich bin dankbar für alle Jahreszeiten, es hat alles seine Schönheit.

- Ich bin dankbar für meine guten Freunde.

- Ich bin dankbar für viele Wegbegleiter, manche waren nur kurz an meiner Seite.

- Ich bin dankbar für meine Eltern, sie haben mir das Leben geschenkt.

- Ich bin dankbar für die wunderbare Natur, an der ich mich täglich erfreuen darf.

- Ich bin dankbar für die Vielzahl der Tiere auf dieser Erde.

- Ich bin dankbar für unsere wunderschöne Mutter Erde, auf der wir leben dürfen.

- Ich bin dankbar für viele verschiedene Nationen und Kulturen, wir haben die Möglichkeit, von ihnen zu lernen.

- Ich bin dankbar sowohl für die Schul- als auch die Alternativmedizin.

- Ich bin dankbar für die Musik.

- Ich bin dankbar für alle Geschenke des Lebens.

- Ich bin dankbar, dass wir täglich genügend zu essen und zu trinken haben.

- Ich bin dankbar für meine Arbeitsstelle.

- Ich bin dankbar für die angemessene Entlohnung meiner Arbeit.

- Ich bin dankbar für alle Aufgaben meines Lebens, sie lassen mich in der Liebe wachsen.

Meine Notizen:

Beispiele, wofür ich in meinem Leben dankbar bin:

Lass dein Licht leuchten –
zwei kurze Übungen

Hier möchte ich dir noch zwei kurze Übungen vorstellen, die du täglich anwenden kannst. Du wirst sehen, dass du dich bei regelmäßiger Anwendung nach einiger Zeit leichter, zufriedener und ausgeglichener fühlst.

Morgens

Beginne am besten gleich morgens vor dem Aufstehen. Schließe Deine Augen. Sei dankbar für einen erholsamen Schlaf in der vergangenen Nacht. Atme 10-mal tief ein und wieder aus. Goldenes Licht, Liebe, Wärme, Geborgenheit hüllen dich ein. Jede Zelle deines Körpers fängt an zu leuchten. Liebevoll und dankbar nimmst du nun deinen ganzen Körper vollkommen wahr. Um dich herum entsteht eine Lichtkugel, fülle diese komplett mit der goldenen Energie der Liebe und des Lichtes aus. Lass diese Wahrnehmung wirken, so lange du möchtest. Jetzt kannst du deinen Tag voller Vorfreude auf alle Geschenke und Begegnungen dieses Tages starten.

Affirmation

Voller Liebe, Freude und Dankbarkeit beginne und lebe ich diesen Tag.

Abends

Lege dich hin und schließe deine Augen. Atme 10-mal tief ein und wieder aus. Lass alle Sorgen und Anspannungen los. Wie auf einer Wolke ziehen sie weiter und entfernen sich von dir. Nun nimmst du einen weißen Stern etwa einen halben Meter über deinem Kopf wahr. Aus diesem entspringt eine Lichtsäule, die an der obersten Stelle deines Kopfes in deinen Körper fließt. Diese durchleuchtet und reinigt deinen Körper von oben nach unten. Fließt durch deinen Kopf, weiter nach unten der Wirbelsäule entlang, füllt alle deine Organe damit. Dieser Strahl saugt alle Negativitäten dieses Tages in dir auf und befreit dadurch deinen Körper und deinen Geist. Er geht weiter über dein Becken, Oberschenkel, Unterschenkel und tritt an deinen Füßen in die Mutter Erde wieder aus deinem Körper heraus. Nun bist du energetisch gereinigt für einen erholsamen Schlaf. Sei dankbar dafür.

Affirmation

Ich bin dankbar für alle Begegnungen dieses Tages und lasse sämtliche Negativitäten in Liebe los.

Meine Notizen:

Lass dein Licht leuchten:

Ein paar Gedanken zum Ende dieses Buches

Nach wie vor darf auch ich täglich dazulernen und ich bin immer noch dankbar dafür. Auch wenn ich viel Leid in meinem vergangenen Leben erfahren habe, dufte ich erkennen, wie ich dadurch mehr und mehr in der Liebe gewachsen bin. Das ist der Grund, warum ich trotz aller Aufregung und Herzklopfen mich vor Menschen stelle, eben weil ich diesen Heilungsweg an meinem eigenen Körper erlebt habe und es für mich täglich ein Geschenk ist, diese Liebe in mir und um mich herum zu spüren und wahrzunehmen.

Grundsätzliches habe ich hier nochmals in einem Satz zusammengefasst:

- Täglich in der Selbstliebe zu mir wachsen.

- Veraltete Glaubensmuster aus meinem Leben entlassen.

- Alle Gefühle wie Wut, Hass, Gier, Neid ... können nur gehen, wenn wir sie anschauen, Zusammenhänge erkennen und sie noch einmal wahrnehmen.

- Alle Menschen haben Ängste – diese können wir verwandeln.

- Unser Leben erschaffen wir mit Gedanken, Worten und Taten.

- Gedanken erschaffen unsere Realität.

- Gedanken können wir verändern durch bewusstes Wahrnehmen.

- Was wir säen – werden wir ernten.
- Mein Unterbewusstsein kann ich mit positiven Affirmationen verändern.

Ich wünsche dir, liebe Leserin, lieber Leser dieser Zeilen, dass du deinen eigenen wunderbaren Lebensweg erkennen mögest und diesen Weg auch gehst. Lass dich von aktuellen Wegbiegungen immer wieder neu inspirieren und lerne täglich die Geschenke des Lebens zu erkennen und anzunehmen. Lerne achtsamer und liebevoller dir selbst und anderen Menschen gegenüber zu werden. In der Liebe zu wachsen ist das schönste und edelste von allen Geschenken.

Von ♥ *liebe Grüße*

Eure Birgit Stengel